Death to Silence
Muerte al silencio

By Emma Sepúlveda-Pulvirenti
Translated by Shaun T. Griffin

Arte Público Press
Houston, Texas
1997

This volume is made possible through grants from the National Endowment for the Arts (a federal agency), Andrew W. Mellon Foundation, the Lila Wallace-Reader's Digest Fund and the City of Houston through The Cultural Arts Council of Houston, Harris County.

Recovering the past, creating the future

Arte Público Press
University of Houston
Houston, Texas 77204-2090

Cover illustration and design by Giovanni Mora
Book design by Debora Fisher

Sepúlveda-Pulvirenti, Emma.
 Death to silence = Muerte al silencio / by Emma Sepúlveda ; translated by Shaun T. Griffin.
 p. cm.
 ISBN 1-55885-203-4 (pbk. : alk. paper)
 I. Griffin, Shaun T. (Shaun Timothy), 1953- . II. Title.
PQ7079.2.S46D 1997
861--dc21   97-22186
                                                                  CIP

Death to Silence

Muerte al silencio

A la memoria de mi madre

Angela Pulvirenti Salinas.

A John y Jonathan que me afirman

con su amor a la vida.

Foreword

Death to Silence is the first bilingual rendering of Emma Sepúlveda's poetry. The selection gathers texts already translated in 1989 that have previously attracted the interest of critics and readers. With this volume, the particular need expressed by English-speaking readers is satisfied.

As a form of self-discovery and search, the writing turns at times chafing and ironic in its disenchantment and metaphysical doubt.

In Part I the recurrent motif is death. The precariousness of existence is a motif of painful, yet contained, feeling. An important part of this idea, that is not yet nihilistic, is the perplexity in the meaning of the words as in the text, "If Words Did Not Convey:" "What if words did not convey/ what we believed they conveyed?/ Perhaps/ in the end/ we would pair/ no things/ with nothing/ and all things/ with everything." To be certain, this refers to the crisis that is produced by the skepticism in the act of naming. There are words that have lost their sense in an idiomatic fallacious commerce, because of a change in values, or in selfish practices disguising the truth. Thus, the only thing that has meaning is the human bond and affection: "like this:/ hands/ eyes/ the smile/ of lips/ the quilt of skin." Confronted with this evidence, that must claim its validity in a moment of life, Sepúlveda lyrically shapes the perception that we are beings born of silence and taken to a last silence: "and the silence/ the infinite silence/ the infinite endless silence."

The central theme of Part II is the experience of the poetic voice that, in reference to herself, acquires an existential tone. It is a discourse that raises, among others, the problems of human freedom, the world beyond this earth, and the questions that face existence in all its projections, including the female experience confronted by the son that was never born. In the poem, "To the Child that Never Was," she expresses the wearisome and overwhelming anxiety along with which are imagined the tiny features of a body and a will to live. The wasted hope is presented in verses that are free of artifice and as spare as the ones of Mistral, when she speaks of her unfulfilled maternal desires: "and I seized/ the womb/ the sinister smoke/ that invents our children" (...) "I gave myself the exclusive right/ to draw you in my thoughts." The complete absence of punctuation in this poem and in the majority of poems in the book confers ambiguity and reinforces the suggestive voices. The silence appears to give emphasis to a consciousness that is always questioning the events of life and death, and with her final sense of the unknown, intensifies the ambiguity and mystery. Although the experience of time, space, and silence startles the reader by its depth of expression, her irony and humor are frequently present. It is possible to discover symbols and archetypal images that give complete evocative understanding. In the poem, "Sometimes at Night," one can perceive the fascinating force of the nocturnal mythic symbols, like darkness and the moon. This presence is active and at the same time possesses the rigidity and the solemnity of the sacred: "the moon comes," "strikes the glass," "stops in the window/ does not move/ illumines/ blinds me." In this verse the associations of the goddess, mother, the feminine cyclic activity and magic powers coexist. The poetic voice in insomnia, in the darkness of a semi-dream expresses "Sometimes at night/ when the dark thoughts/ close in/ (...) the moon comes." With attributes of a living entity the moon intercepts and decodes the loneliness: "spells your silhouette/ in my pupils/ she wants to speak/ but says nothing." With her ancestral weight and with her presence, metallic and silent, she operates with a strength capable of possession, inebriation, driving and forcing her victim into an oneiric darkness: "I feel the moon comes/ to make me drunk with dreams." The moon--and her sortilege--is similar to death, or is death itself.

Part III emphasizes social and political denouncement and the experience of exile. The poetic voice is Chile, the country of the author and where the killings, persecutions, torture, disappearances, and other violations of human rights took place during the coup d'état of 1973 and the military dictatorship that followed. It is a testimonial poetry of bravery and strength that condemns the political persecution and opens graves where the assassinated lie, and makes us hear the clamor of mothers that ask for justice for their deaths. The poetic voice is exile, without roots, and does not belong to any space and time. The poem, "From Now...," says, "From Now Until Chile/ there are long kilometers/ of anguished exiles...." It gives a profoundly alienated transformation from which it pretends to escape but is unable to do so, because there is no salvation from an empty consciousness, deprived of everything, as is explained in the text, "Here Am I Now:" "Here/ am/ I/ now/ Emma/ laden/ with/ last names/ with nothing from my past/ a fine lot of nothing...." It is as if they had stolen part of the I and she were attending her own burial: "until my bones decide/ if it's here/ or there/ the place where the dead speak/ and the crosses are silent." In "No," the poem that begins Part III, the syntactical brevity reveals a profound feeling of rejection that goes beyond words, gestures, or action. There is a total of 9 words and 6 verses, although in reality, there are many more implied in the silences and the reiteration. The poem declares that it is necessary to reject a system in which people are reduced to numbers and where the human condition is made into an abstraction: "No,/ no/ not/ numbers. They are not numbers./ They are names." "The Last Prayer of September," alludes to the sounds of the bullets and the screams of the victims. In broken sentences they pray to "Our Father:" "Hallowed be thy name-/ Outside/ the bullets were background music/ to the cries...." The contradictory situation where there is no pardon for anybody--only death--is expressed with the most profound verses in this sentence: "As we forgive/ our debtors-/ Just bullets." The name of the Father is not sanctified, because the only things that one can hear are the bullets and the screams of the ones that are falling: "the cries followed the rhythm/ of the bullets." The epigraph of the poem, "September 11, 1973," which reads "Santiago, Chile," is a way of locating, in time and place, the military coup. In reality, the coup occurred Tuesday, September 11, 1973, and, although it started in the port of Valparaíso, the pragmatic--and symbolic--control was achieved in the capital, in the seat of the government and in the person of the president. As the armed forces began to act, Tuesday at sunrise, the supporters of the government sang in solidarity the hymn, "We shall overcome," the same song that they sang three years earlier during the presidential campaign. In the text, the sequence of hours makes us aware of the persistence of the song: "We shall overcome!/ I heard at eight/ we shall overcome!/ I heard again/ at nine/ and at ten/ and at eleven/ and all/ the hours/ in the petrified day...;" and the reiteration of the preterite tense informs the reader that the resistance is falling: "after/ the voices/ lowered/ weakened/ folded/ and the silence/ devoured the echo." At the end of the day, not only the silence, as a symbol of death, devoured the sound of the revolutionary song, but also the ones that sang: "echo/ without me realizing/ it became/ the sound/ of bullets/ against the body/ of those who rose in opposition."

The unconscious dominion where the archetypes form and live have a powerful expression in this poetry that questions silence, possesses it, and threatens to develop its mystery in relationship to time, the word, the dreams, and the pain of life and death. *Death to Silence* is an anthology that meditates on religious doubt and expresses an emphatic and brutal denouncement. Valiant and determined in the pursuit of a transcendent linguistic perfection and in the attainment of poetic truth, Emma Sepúlveda achieves the suitable language required--an admirable brevity--for discourse that communicates an existential and testimonial position of a poetic voice minimized by helplessness.

Alicia Galaz-Vivar Weldon
The University of Tennessee
16 March 1996

Prólogo

Muerte al silencio es la primera entrega bilingüe de la poesía de Emma Sepúlveda. La selección recoge textos traducidos en 1989 que habían atraído fuertemente la atención y el interés de la crítica y los lectores. Se satisface así una necesidad expresada muy especialmente por los lectores anglos.

Como forma de autoconocimiento y de búsqueda, la escritura se torna a veces lúdica e irónica en el desencanto y en la duda metafísica.

En la Parte I el tema recurrente es la muerte. La precariedad de la existencia es motivo de doloroso y contenido sentir. Parte importante de esta concepción, que no llega a ser nihilista, es la perplejidad ante el significado de las palabras, como en el texto "Y si las palabras no significaran:" "Y si las palabras no significaran/ lo que todos creemos que significan? Quizás/ por fin/ nombraríamos/ la nada/ con la nada/ y el todo/ con el todo." Se refiere a la crisis que produce el escepticismo en el acto de nombrar. Hay palabras que han perdido su sentido en un comercio idiomático falaz, producto de un cambio de valores o de interesadas prácticas de enmascaramiento de la verdad. Así, lo único que tiene sentido es el acercamiento y el afecto humanos: "así no más/ unos ojos/ la sonrisa/ de unos labios/ unas manos/ la caricia de una piel." Enfrentados a esta evidencia, que ha de reclamar su validez en algún momento de la vida, Sepúlveda plasma líricamente que somos criaturas nacidas del silencio y llevadas a un último silencio: "y el silencio/ el infinito silencio/ el infinito interminable silencio."

El tema central de la Parte II es la experiencia del yo poético que, en su autoreferencia, adquiere un tono existencial. Es un discurso que plantea, entre otros, los problemas de la libertad humana, la vida ultraterrenal, y las interrogantes ante la existencia, en todas sus proyecciones, inclusive la experiencia femenina enfrentada al hijo que no nació. En el poema "Al hijo que nunca fue" se expresa la ansiedad fatigosa y abrumante con que son imaginadas las diminutas hechuras de un cuerpo y la voluntad de vivir. La esperanza malograda se presenta en versos desnudos de artificio y tan parcos como los de Gabriela Mistral, cuando habla de la maternidad frustrada: "Y me prendí/ al vientre/ el humo siniestro/ que nos inventa los hijos" (...) "me di el derecho único/ de dibujarte en mis pensamientos." La ausencia total de signos de puntuación de éste, y de gran parte de los poemas, confiere ambigüedad y refuerza la sugerencia. Los silencios enfatizan la conciencia en constante interrogación con el acontecer de la vida y de la muerte, y de su sentido último y desconocido, e intensifican la ambigüedad y el misterio. Aun cuando la experiencia de tiempo, espacio y silencio sobrecoge por la profundidad de su expresión, la ironía y el humorismo a menudo están presentes. Es posible descubrir símbolos e imágenes arquetípicas que confieren un sentido cabal y evocativo. En el poema "A veces en las noches," se percibe la fuerza fascinante de símbolos míticos nocturnos, como la oscuridad y la luna. Esta presencia es activa y al mismo tiempo posee la rigidez y la solemnidad de lo sagrado: "viene la luna," "golpea los vidrios," "se detiene en la ventana/ no avanza/ ilumina/ me ciega." En ella coexisten las asociaciones de diosa, madre, la actividad cíclica femenina y poderes mágicos. Insomne en la oscuridad de un semisueño el hablante expresa que "a veces en las noches/ al acercarse la oscuridad/ de los pensamientos/ (...) viene la luna." Con atributos de ser viviente intercede y descifra las soledades: "deletrea tu silueta/ en mis pupilas/ quiere hablarme/ pero no dice nada." Con su carga ancestral y su presencia metálica y silenciosa opera con una fuerza capaz de poseer, emborrachar, conducir y forzar a su víctima a una embriaguez onírica: "siento que viene la luna/ a emborracharme de sueños." La luna--y su sortilegio--es similar a la muerte, o es la muerte misma.

La Parte III enfatiza la denuncia social y política y la experiencia del exilio, donde el nivel referencial es Chile, el país de la autora, y las matanzas, persecuciones, torturas, desapariciones y otras violaciones a los derechos humanos, ocurridos durante el golpe de estado de 1973 y en la subsiguiente dictadura militar. Se trata de una poesía testimonial de valentía y fuerza que acusa la persecución política, abre las fosas en que yacen los asesinados y hace oír el clamor de las madres que piden justicia por sus muertos. El hablante está exiliado, desarraigado, no pertenece a ningún espacio o tiempo. El poema "Desde ahora..." dice: "Desde ahora// hasta Chile/ caben muchos kilómetros/ de angustiados destierros." Se ha operado una profunda transformación enajenante de la cual se pretende inútilmente escapar, pues no hay salvación desde una conciencia de vacío, privada de todo, como se explica en el texto, "Aquí estoy yo ahora:" "Aquí/ estoy/ yo/ ahora/ Emma/ y/ una/ suerte/ de/ apellidos/ sin nada de lo que traje/ y bien poco de todo." Es como si le hubieran cercenado parte del yo y asistiera a su propio entierro: "hasta que los huesos decidan/ si es aquí/ o es allá/ el lugar en donde las cruces callan/ y son los muertos los que hablan." En "No," poema que inicia la Parte III, la economía sintáctica es reveladora de un sentimiento de profundo rechazo que va más allá de las palabras, los gestos, o la acción. En total son nueve palabras y seis versos, aunque en realidad son muchos más, implícitos en los silencios y en las reiteraciones. Se declara que es necesario negar un sistema en el cual las personas son reducidas a números y donde se hace abstracción de la condición humana: "No/ No/ son/ números/ No son números/ Son nombres." "El último rezo de septiembre," alude a los estallidos de las balas y a los gritos de las víctimas. En frases entrecortadas se reza, "El Padre Nuestro:" "-Santificado sea tu nombre-/ Afuera/ las balas daban música de fondo/ a los gritos...." La contradictoria situación en que no hay perdón para nadie--sólo muerte--es expresada con los más profundos versos de la oración: "-Como nosotros perdonamos/ a nuestros deudores-/ Solamente balas." El nombre del Padre no es santificado, pues lo único que se escucha son las balas y los gritos de los que caen: "los gritos seguían el ritmo/ de las balas." El epígrafe del poema "11 de septiembre de 1973," que se lee "Santiago-- Chile," es una manera de situar, en el tiempo y en la geografía, el golpe militar. Efectivamente, el golpe ocurrió el martes 11 de septiembre de 1973 y, aunque comenzó en el puerto Valparaíso, el control pragmático--y simbólico--se concretó en la capital, en la sede del gobierno y en la persona del presidente. Durante el inicio de las acciones bélicas de las fuerzas armadas en la madrugada de ese día , los partidarios del gobierno socialista cantaron en solidaridad el himno "Venceremos," la misma canción identificadora que entonaron tres años antes durante la campaña presidencial. En el texto, la secuencia de horas da cuenta de lo persistente del canto: "¡Venceremos!/ escuché a las ocho/ ¡venceremos!/ escuché otra vez/ a las nueve/ y a las diez/ y a las once/ y a todas/ las horas/ del petrificado día;" y la reiteración del pretérito informa que la resistencia va decayendo: "después/ las voces/ bajaron/ flaquearon/ se doblegaron/ y el silencio/ devoró el eco." Al final del día, no sólo el silencio, como símbolo de muerte, devoró el sonido de la canción revolucionaria, sino también a los que la cantaban: "eco/ que sin darme/ cuenta se convirtió/ en el sonido/ de las balas/ contra el cuerpo/ de los vencidos."

El dominio inconsciente donde se fraguan y viven los arquetipos tiene una expresión poderosa en esta poesía que interroga al silencio, lo posee y lo conmina a develar su misterio en relación con el tiempo, la palabra, los sueños y el dolor de la vida y de la muerte. *Muerte al silencio* es una antología que medita sobre la duda religiosa y sopone, a la vez una denuncia enfática y descarnada. Valiente y obstinada en la persecución de una perfección lingüística trascendente y en la consecución de la verdad poética, Emma Sepúlveda logra el lenguaje requerido--de una parquedad y brevedad admirables--para un discurso que comunica una posición existencial y que al mismo tiempo es el testimonio de un yo lírico minimizado indefenso por la fuerza y gravedad de los hechos.

Alicia Galaz-Vivar Weldon
The University of Tennessee
18 Marzo 1996

Contents
Contenido

Part III
Parte III

Part I
Parte I

I Chose Not to Die

For J.B.M. (1988)

They took me out of the coffin
and I chose not to die
raised me like Lazarus
surprised everyone with
a natural catalepsy
returned once more as I was then
the woman who did not believe in your mute hands
the woman who fled the sheets
every Sunday
for purification
behind the confessional box
the woman who at times
was an excuse
and nothing more
alone in the humid pillow
of adultery
the woman who dreamed she was lost
in your gilded eyes
to cheat death
and remain here
made woman
made live
forever
and not ashes
with the oily smell
of bones
demystified
forever stripped
of the human-animal love.

Decidía no morirme

A J.B.M. (1988)

Me sacaban del cajón
y yo decidía no morirme
me levantaba imitando a Lázaro
y los sorprendía a todos
con una catalepsia real
me volvía otra vez la de entonces
la que no creía en la mudez de tus manos
la que se escapaba de las sábanas
todos los domingos
para purificarse
detrás del confesionario
la que a veces
era una disculpa
y nada más que eso
sola en la almohada húmeda
del adulterio
la que soñaba perderse
en tus ojos dorados
para escaparse de la muerte
y quedarse aquí
hecha vida
hecha mujer
para siempre
y no cenizas
con el olor aceitoso
de los huesos
desmitificados
alejados para siempre
del amor animal-humano.

Emma Sepúlveda-Pulvirenti   **21**

You Cannot Listen in Death

You cannot listen in death
to the birth of noise
no one can hear
a single voice
nor a single word
that still tells us
life beckons
in death you cannot listen
nor hear
forever
the deaf chime
of the beats
in the heart that loves us.

In death, my companion,
you can only hear
the silences of time
that slowly separate
our bodies in ashes.

Ya no se oye en la muerte

Ya no se oye en la muerte
el despertar del ruido
no se escucha
ni una sola voz
ni una sola palabra
que diga que todavía
nos nombra la vida
en la muerte ya no se oye
ni se escucha
para siempre
el repiquetear sordo
de los latidos
de un corazón que nos ama.

En la muerte, compañero mío,
solamente se escuchan
los silencios del tiempo
que lentamente nos separa
en cenizas el cuerpo.

I Grew Accustomed

for Jenny

I grew accustomed
to not saying it,
storing it inside
as the blood
gorged through veins
but did not run away
I was made strong
with muteness
that concealed me
long enough to think
and think again
to give feeling
in this perpetual silence
I grew accustomed to being silent
drew dreams in memory
told stories
in the solitude of the mirror
made one shadow-voice
with darkness
I invented a proper world
with the hallucinations of breath
to drink in short sips
the threats of time
and wait
wait until someone or something
tells me I am allowed to talk.

Me había acostumbrado

A Jenny

Es que me había acostumbrado
a no decirlo
a guardarlo adentro
como la sangre
que galopa por las venas
sin desbocarse
me había hecho fuerte
con esta mudez
que se esconde sola
me bastaba pensarlo
y volverlo a pensar
para darle sentido
a este silencio perpetuo
me había acostumbrado a callar
a dibujar sueños en la memoria
a contarme cuentos
en la soledad del espejo
a hacerme una
con la voz de la sombra
me había inventado un mundo propio
con los alucinógenos de la respiración
para beberme con sorbos cortos
las amenazas del tiempo
y esperar
esperar hasta que alguien o algo
me dijera que podía hablar.

If Words Did Not Convey

Davis, California 1983

What if words did not convey
what we believed they conveyed?

....

Perhaps
in the end
we would pair
no things
with nothing
and all things
with everything
like this:
hands
eyes
the smile
of lips
the quilt of skin
and the silence
the infinite silence
the infinite endless silence.

Y si las palabras no significaran

Davis, California 1983

¿Y si las palabras no significaran
lo que todos creemos que significan?
....
Quizás
por fin
nombraríamos
la nada
con la nada
y el todo
con el todo
así no más
unos ojos
la sonrisa
de unos labios
unas manos
la caricia de una piel
y el silencio
el infinito silencio
el infinito interminable silencio.

To Carmen's Strength

From so few calendars
so much life is made
as if you had created years of existence
in an opening and silencing of eyes
a stolen rib
from a twentieth century Hercules
made woman by smite
by collisions
with the line of fire

they painted scenes of peace
with violent blows from the hand
and you, a friend in the corner
with the defense of a pen
fighting memory with war
a thousand letters to the open front

hands of an innocent fighter
your enemies did not know
you had damp eyes
blinded, searching for the calm
you were born
in the worst of times
no courage for what was done
and the lost were tortured

the human killers
men of other times
shredded you
cut you in pieces
made you queen with no throne
kneeling under a crown of blood
they made you rubbish
broke you down

over and over
to imprison you, once again

and you, woman
a fortress made of tears
have drawn with cries
tattooed in silence
that these are not their times
Adam's soil has changed
Adam has no ribs left
thanks to men, my friend,
heaven has been
buried forever.

A la fuerza de Carmen

A tanta vida hecha
tan pocos años de calendario
es como si te hubieras creado entera
en un abrir y callar de ojos
costilla robada
de un Hércules siglo veinte
mujer hecha a golpes
a encontrones
con la línea de fuego

te pintaron cuadros de paz
a manotones de violencia
y tú al amigo esquina
con la defensa de una pluma
y a la memoria guerra
con mil letras frente abierto

manos de inocente guerrillera
tus enemigos no sabían
que tenías los ojos húmedos
cegados de buscar la calma
te fuiste a nacer
en el peor de los tiempos
a lo hecho nunca pecho
y el que pierde lo torturan

los aniquiladores humanos
hombres de otros tiempos
te han hecho trizas
te han cortado a pedazos
para hacerte reina sin trono
arrodillada bajo una corona de sangre
te han hecho escombros
te han demolido

una y otra vez
para apresarte de nuevo

y tú mujer
fortaleza hecha a lágrima
has dibujado a gritos
tatuando en silencio
que estos tiempos son otros
los barros han cambiado
ya no quedan costillas
gracias al hombre, amiga,
el paraíso está
para siempre sepultado.

To Carmen's Prison

The light and darkness are nearly one
they have a sacred pact to create me
in the possession of a shadow
Now I am no more than a body
repeated in the coldest
rock walls of this cell
I am no more than a ragged taunt
of a shadow that follows me
and accosts me in the monstrous
corners of this room
I am a diminutive being, trapped
by the giant tentacles
of one thousand shadows trembling on my back
shadows that are silent when I cry
and they deny me the waking echo
when I tear myself desperately
in the panting silence of a scream
shadows that escape my arms
when I confront them body to body
in the anguished space of this cell
shadows shadows
shadows and one shadow,
my shadow-body,
whose destiny is to be no more
than a symbiotic shadow of other shadows.

A la prisión de Carmen

La luz y la oscuridad son cómplices
tienen un pacto sagrado que me engendra
en la posesión de una sombra
ya no soy más que un cuerpo
repetido en la frialdad
de las paredes rocosas de esta celda
no soy más que la burla mutiladora
de una sombra que me persigue
y me acosa en los rincones
monstruosos de este cuarto
soy un diminuto ser atrapado
por los tentáculos gigantescos
de mil sombras que tambalean a mis espaldas
sombras que callan cuando lloro
y me niegan el despertar del eco
cuando me desgarro desesperadamente
en el silencio jadeante de un grito
sombras que se escapan de mis brazos
cuando las enfrento cuerpo a cuerpo
en el espacio angustiado de esta celda
sombras sombras
sombras y una sombra,
mi cuerpo-sombra,
que ahora no tiene más destino que ser
una sombra simbiótica de otras sombras.

Mortal Fear of Death

Man is dead with fear,
mortal fear of death.

--Xavier Villaurrutia

That fear is here
and I cannot conquer it
fear of sleeping
and not waking,
being left, trapped
in hard hands
of the dark cell,
become shadow
in the middle of my life
bury myself
decompose
dry out
harden
and never again
feel
seized at the waist
by love's spell
that fear of leaving me
leaving you
without lips
eyes
words
in the profound hollow
of emptiness,
that fear I bear here
and cannot conquer
fear that slowly
kills
before my hour arrives.

Miedo mortal a la muerte

El hombre está muerto de miedo,
miedo mortal a la muerte.

--Xavier Villaurrutia

Ese miedo está aquí
y no puedo vencerlo
miedo de dormirme
y no despertarme
quedarme atrapada
en las manos firmes
de la celda oscura
hacerme sombra
en la mitad de la vida
enterrarme
pudrirme
secarme
endurecerme
y nunca más
sentirme
atrapada a la cintura
del hechizo amado
ese miedo de dejarme
y dejarte
sin labios
sin ojos
sin palabras
en el profundo hueco
de lo vacío
ese miedo que llevo aquí
y no puedo vencerlo
miedo que me mata
lentamente
antes que llegue mi hora.

Alone, I Ask

And the shadows?

What are they like
below the soil of the dead

stretched

round

flat?

Or
perhaps with us, the shadow also dies?

Me pregunto a solas

¿Y las sombras?

¿Cómo serán las sombras que dejan
bajo la tierra los muertos

alargadas

redondas

planas?

o
¿acaso muere con nosotros también la sombra?

Emma Sepúlveda-Pulvirenti   **37**

Rest and Peace Must Be Here

Praised
be
the
others
and may
they rest
in
peace
I do not want to die
the rest and peace
must be made here
next to the unknown madness
of this life that winks at me
and promises that they're lies--
the past was never better.

El descanso y la paz aquí

Alabados
sean
y
que
descansen
en
paz
los otros
yo no quiero morirme
el descanso y la paz
que se hagan aquí
al lado de las locuras inciertas
de esta vida que me guiña un ojo
y me promete que son mentiras
que el pasado nunca fue mejor.

Part II
Parte II

Secret Symphony

With blind hands, you undress me
seize me with your body's thirst,
and slowly your fingers, lips
unfold in the gentle symphony
of our every touching

in small seconds
the night
opens
beneath your arms

My companion
after our many years
we are like
souls that search
from the eternal cold
for an even path to the warm night

passion has slowly united
with the act of faith
now in these mute hours
you invade my body
and I receive you, calm, knowing you are
creator of my body, my ravings

in barely an open and close of years
we have woven secrets of the night
between willing bed sheets
now we are one
one body
and two cries
one pleasure
familiar and perpetual
that floods our bodies
with a quiet moisture
a willing moisture
that covers us with shadow

and makes a damp net of kisses
through your dreams and mine

after years, more years
we still embrace
we squeeze
between four arms
that do not belong to you or I
we rejoice silent and warm
with love, we make time eternal
we call the night
so it will name us
and the night calls
so we can find each other
and she calls and looks for us
without knowing where
your flesh ends or mine begins.

Emma Sepúlveda-Pulvirenti

Sinfonía secreta

Me desnudas con tus manos ciegas
atrapadas a la sed del cuerpo
y lentamente se extienden tus dedos
acompañando tus labios en la sinfonía suave
del pasional encuentro

en unos segundos
se abre
bajo tus brazos
la noche

Compañero mío,
después de tantos años
ahora nos parecemos
a las almas que buscan
desde el frío eterno
el camino seguro a la noche tibia

la pasión se ha unido lentamente
al acto de fe
ahora en esas horas mudas
me invades el cuerpo
y yo te recibo segura de saberte mío
creador de mi cuerpo y mis delirios

en un abrir y cerrar de años
nos hemos unido a los secretos de la noche
entre las sábanas cómplices
ahora somos uno
un solo cuerpo
y dos gemidos
un solo goce
familiar y perpetuo
que nos inunda el cuerpo
de un silencioso sudor
un sudor cómplice
que nos cubre la sombra

y hace un nido mojado de besos
entre tu sueño y el mío

después de tantos años
abrazados
atrapados
entre cuatro brazos
que no tienen dueño
nos gozamos tibia y silenciosamente
nos amamos para eternizar el tiempo
llamamos a la noche
para que nos nombre
y la noche nos llama
para que la encontremos
y nos llama y nos busca
y ni siquiera sabe
dónde empieza mi cuerpo y acaba el tuyo.

Emma Sepúlveda-Pulvirenti   **45**

To Your Foolish Fantasy

You name me
and I am made woman
in the middle of your foolish
fantasy

then you are quiet
and I become body
fused with your body
a frail lyric in the wind
a smile on your lips
more nearer to my mouth
than yours

your eyes
create distance
and I steal it away
when you name me
and I am made woman.

A tu infantil fantasía

Me nombras
y yo me nazco mujer
en medio de tu infantil
fantasía

después callas
y me hago cuerpo
cegado a tu cuerpo
una pobre canción al viento
una sonrisa en tus labios
mucho más cercana a mi boca
que a la tuya

porque la distancia
la crean tus ojos
y la borran los míos
cuando me nombras
y yo me nazco.

Emma Sepúlveda-Pulvirenti

To the Child that Never Was

One day I dreamt myself
the maker of lives
and I seized
the womb
the sinister smoke
that invents our children
I imagined your eyes
would become mouths
that would never cease to demand
the right to the fertile corner
of all the mothers
I do not know why
I asked with a cry
the right to shape you
from a weak clot
from a mass of nothing
for you to create yourself
human like the others
the sons of the daughters
that are grown in the
uterine linings
in the test tubes
of the laboratory
or in the beds of silk
that thirst for bodies
I gave myself the exclusive right
to draw you in my thoughts
and in the intimate, sickly
cavity of a sleeping
womb
that split you in pieces
of dead blood
when you innocently
wanted to be flesh
of my own
miserable flesh.

Death to Silence

Al hijo que nunca fue

Me soñé un día
hacedora de vidas
y me prendí
al vientre
el humo siniestro
que nos inventa los hijos
me imaginé que tus ojos
se harían bocas
que reclamarían implacables
el derecho al rincón fértil
de todas las madres
no sé por qué
me pedí a gritos
el derecho a formarte
de un coágulo débil
de un montón de nada
para que te crearas
humano como todos
los hijos de las hijas
que se hacen en los
úteros uterales
en los vidrios
del laboratorio
o en las camas de seda
sedientas de cuerpos
me di el derecho único
de dibujarte en mis pensamientos
y en la concavidad íntima
y enfermiza de una matriz
dormida
que te dividió en pedazos
de sangre muerta
cuando inocentemente
quisiste ser carne
de mi propia
miserable carne.

Emma Sepúlveda-Pulvirenti   **49**

To Your Blind Eyes

for Jonathan Paul, 1987

When I look at you
you do not see me
I make myself child
and look for my image
in your reflection
I enter and touch
the many hollows
of your vacant pupils
so you will make me, at last
a human figure

but you do not see me.

Now I will try again
to get in the critical aperture
of a volatile iris
to imagine how I would come to life
in the transparent retina
the unknown space
of your blind eyes
but time stops
and you do not see me
your eyelids like
two heavy gates
close and return to close
leaving me forever outside
forever outside
when I look at you
and you do not see me.

A tus ojos ciegos

Para Jonathan Paul, 1987

Cuando yo te miro
tú no me ves
me hago pequeñita
y busco mi reflejo
en los reflejos tuyos
me entro y penetro
en la concavidad múltiple
de tu pupila deshabitada
para que me hagas por fin
figura humana

pero tú no me ves.

Entonces intento de nuevo
meterme por la abertura crucial
de un iris volátil
para que mi imagen se haga vida
en la retina transparente
del espacio incierto
de tus ojos ciegos
pero el tiempo se detiene
y tú no me ves
tus párpados como
dos gigantescos portones
se cierran y se vuelven a cerrar
dejándome como siempre afuera
como siempre
cuando yo te miro
y tú no me ves.

To the Galician Night

Lips
darkness
and names
conceal
desire
yours and mine

we do not know blame here
to find ourselves
we will have to search
far from the body
we will have to find the other
losing ourselves in the infinite absence
of dormant passion.

A la noche de Galicia

Labios
sombras
y nombres
esconden
el deseo tuyo
y el mío

aquí ya no se saben culpas
ahora para encontrarnos
tendríamos que buscar
lejos del cuerpo
tendríamos que encontrarnos
perdiéndonos en la ausencia infinita
de una pasión dormida.

Sometimes at Night

Sometimes at night
when the dark thoughts
close in
I feel the moon comes
to make me drunk with dreams
strikes the glass
stops in the window
does not move
illumines
blinds me
spells your silhouette
in my pupils
she wants to speak
but says nothing
only imagines you
as I imagine you
in the other extreme of life
masturbating memories
waiting for her
to light up your solitude
and for me
any other failure.

A veces en las noches

A veces en las noches
al acercarse la oscuridad
de los pensamientos
siento que viene la luna
a emborracharme de sueños
golpea los vidrios
y se detiene en la ventana
no avanza
ilumina
me ciega
deletrea tu silueta
en mis pupilas
quiere hablarme
pero no dice nada
solamente te imagina
como te imagino yo
al otro extremo de la vida
masturbando recuerdos
esperándola a ella
para que alumbre tu soledad
y a mí
por cualquier otra equivocación.

The Contour of My Limits

Summer, 1986

You have made me
with your hands
have given me
form
I did not have
you have built
all of me
with a caress
of the contour
of my limits

after you
after me

to shape you
to shape me

creator and creation

that does not need
Adam's soil
nor his rib
only
the eternal existence
of the memory
and the faint chords
of our
familiar silence
that separates and unites
our bodies
in the immeasurable distance
of your hands.

Death to Silence

El contorno de mis límites

Verano de 1986

Me has hecho
con tus manos
me has dado
formas
que nunca tuve
me has construido
toda
al acariciar
el contorno
de mis límites

siguiéndote
siguiéndome

para hacer de ti
para hacer de mí

creador y creación

que no necesita
ni barro
ni costilla
solamente
la vivencia eterna
de la memoria
y los acordes de fondo
de nuestro
acostumbrado silencio
que separa y une
nuestros cuerpos
en la inmedible distancia
de tus manos.

Part III
Parte III

No

No,
no
not
numbers.
They are not numbers.

They are names.

No

No,
no
son
números.
No son números.

Son nombres.

Here Am I Now

for Ana María
Reno, Nevada, 1987

Here
am
I
now
Emma
laden
with
last names
with nothing from my past
a fine lot of nothing, waiting
for them to answer
an exile who has endured much
and nothing cleanses, waiting
for them to give me a certificate
that says I cannot go
and cannot return
until my bones decide
if it's here
or there
the place where the dead speak
and the crosses are silent.

Aquí estoy yo ahora

Para Ana María
Reno, Nevada, 1987

Aquí
estoy
yo
ahora
Emma
y
una
suerte
de
apellidos
sin nada de lo que traje
y bien poco de todo
esperando que me den respuesta
a un exilio que tanto dura
y nada borra
esperando que me den un certificado
que diga que no me voy
y que no vuelvo
hasta que los huesos decidan
si es aquí
o es allá
el lugar en donde las cruces callan
y son los muertos los que hablan.

September 11, 1973

Santiago, Chile

We shall overcome!
I heard at eight
we shall overcome!
I heard again
at nine

and at ten
and at eleven
and all
the hours
of the petrified day

after

the voices

lowered

weakened

folded

and the silence

devoured the echo

echo
      echo
echo
      echo
echo
      echo
without me realizing
it became
the sound
of bullets
against the body
of those who rose in opposition.

Death to Silence

11 de septiembre de 1973

Santiago, Chile

¡Venceremos!
escuché a las ocho
¡venceremos!
escuché otra vez
a las nueve

y a las diez
y a las once
y a todas
las horas
del petrificado día

después

las voces

bajaron

flaquearon

se doblegaron

y el silencio

devoró el eco

eco
       eco
eco
       eco
eco
       eco
que sin darme
cuenta se convirtió
en el sonido
de las balas
contra el cuerpo
de los vencidos.

Emma Sepúlveda-Pulvirenti

The Last Prayer of September

Santiago, Chile, 1973

Twisted on the floor
You compelled me to pray.
"Hallowed be thy name"
Outside
the bullets were background music
to the cries
the cries followed the rhythm
of the bullets.
"Thy will be done"
Bullets
and cries.
"As we forgive
our debtors"
Just bullets.
....
....
I stopped praying.

....
....
My throat was clotted
and a lone tear
grew from the outside
toward the inside.
I absorbed it slowly
swallow by swallow
in body and spirit
made me drunk forever.
And never woke
not in night
not in day
not in the hour of this final abortion
when my fetus fires the last bullet at You.

Death to Silence

El último rezo de septiembre

Santiago, Chile, 1973

Retorcida en el suelo
me obligaste a rezar.
--Santificado sea tu nombre--
Afuera
las balas daban música de fondo
a los gritos
los gritos seguían el ritmo
de las balas.
--Hágase señor tu voluntad--
Balas
y gritos.
--Como nosotros perdonamos
a nuestros deudores--
Solamente balas.
....
....
Dejé de rezar.
....
....
Se me anudó la garganta
y sentí una lágrima
que crecía desde afuera
hacia adentro.
La absorbí lentamente
litro por litro
y en cuerpo y alma
me emborraché para siempre.
Para no despertar
ni de noche
ni de día
ni en la hora de este aborto final
cuando mi feto te dispare la última bala.

From Then On

I am life
with a path to the left
I am path
with a sunken crevice
I am sunk, a crevice
with endless dark
I am endless dark
that reaches the center of the wounded earth
I am a small wounded earth
with a solitary path to the left.

Desde entonces

Soy una vida
con un camino a la izquierda
soy un camino
con una grieta hundida
soy una grieta hundida
con una profundidad oscura
soy una profundidad oscura
que alcanza el centro de la tierra herida
soy una minúscula tierra herida
con un solitario camino a la izquierda.

Thinking Out Loud

From this city that does not know distances
from this corner made stone of human suffering
from your innocent arms
here am I, Emma without name,
I see between the tree's shadows
and I alone hear names
I listen to daily stories
separated by kilometers of bodies
that lay hidden
in the quiet of time
untold bodies
that speak with me while floating
and break like spider webs
seized by a dry wind
they are the same bodies
that look for mouths to name them
mouths that will scream four winds
and hands that will save them
from the dark cavities
filthy cracks closed
with the cold apathy of time
bodies that want to open throats
to defend the agony of the word
bodies with wounds that do not mend
that want to lick the solitude of the night
bodies that want to find
spaces filled in the cracks of memory
bodies broken to splinters by the agonizing debris of human guilt
human torture that separates them from life
bodies that slip before my eyes
one time
one eternity of times
one mute symphony of times
and they plead with me in a large and silent echo
to give them peace
in the hollow encounters with my conscience
bodies

bodies
and bodies
that bring me desperately close
to the unfinished story of my past
and forever separates me from your innocent arms
bodies, my companion,
attached to 30,000 souls
crying for justice
justice that takes us from here
and forever separates our destinies
in this city
from this corner without people.

Emma Sepúlveda-Pulvirenti   *71*

Pensando en voz alta

Desde esta ciudad que desconoce distancias
desde esta esquina petrificada por la fuerza humana
desde tus inocentes brazos
aquí yo, Emma sin nombre,
veo entre los árboles sombras
y escucho a solas nombres
oigo diariamente historias
separadas por kilómetros de cuerpos
que descansan escondidos
en el silencio del tiempo
innumerables cuerpos
que me hablan mientras flotan
y se despedazan como telas de arañas
agarradas al viento seco
son los mismos cuerpos
que buscan bocas que los nombren
bocas que los griten a cuatro vientos
y manos que los rescaten
de las fosas oscuras
grietas inmundas cerradas
con la apatía fría del tiempo
cuerpos que quieren abrir gargantas
para defender la agonía de la palabra
cuerpos con heridas mutiladoras
que quieren lamerse la soledad de la noche
cuerpos que quieren encontrar
espacios llenos en las grietas de la memoria
cuerpos triturados por los escombros agónicos de la culpabilidad
humana
humana tortura que los separó de la vida
cuerpos que se deslizan frente a mis ojos
una vez
eternidad de veces
sinfonía muda de veces
y me piden con un eco largo y silencioso
que les conceda paz
en los encuentros vacíos de mi propia conciencia

cuerpos
cuerpos
y cuerpos
que me acercan desesperadamente
a la historia inconclusa de mi pasado
y me separan para siempre de tus inocentes brazos
cuerpos, compañero mío,
apresados a 30,000 almas
que gritan justicia
justicia que nos aleja
y nos separa para siempre el destino
en esta ciudad
desde esta esquina sin gente.

Almighty Creation

...And on the second day
she became a female animal
to show those who caress
her breasts how to sin

on the third
she became a many headed goddess
and hid in the moisture of her legs
the innate desire
to know herself, the creator
and unifier
of the world's pleasures

the fourth day
she climbed to the sky
and from then on
she has been seated, waiting
at the right hand
of our Lord
Almighty
creator of sky
land
Adam's soil
and his rib

for the centuries
of days
woman
companion
though they do not know it
you are still there
waiting
amen.

To Victoria

Creación todopoderosa

...Y al segundo día
se hizo hembra
para enseñarle a pecar
al que acariciara sus pechos

al tercero
se hizo diosa múltiple
y escondió
en la humedad de sus piernas
el deseo innato
de saberse creadora
y unificadora
de los placeres del mundo

al cuarto día
subió al cielo
y desde entonces
está sentada esperando
a la diestra
de nuestro señor
todopoderoso
creador del cielo
y de la tierra
del barro
y de la costilla

por los siglos de los
días
mujer
compañera
aunque ellos no lo sepan
estás ahí
todavía esperando
amén.

A Victoria

Emma Sepúlveda-Pulvirenti   **75**

The Mirror

creates me again,
a gaze that looks upon me with pity
though I do not care to watch
when he creates me
for the pleasure of seeing himself
reflected in the double of his taunt.

El espejo

me inventa de nuevo
una mirada que me mira con lástima
aunque yo no quiera mirarme
cuando él me inventa
para darse el gusto de mirarse
reflejado en el doble de su burla.

That Death

That black death
that circles
entangles me
with green wounds
expels poison
blood
cracks
my bones
and breaks them again
like crushed
splinters
this death
that comes
over me
and draws
veins
on dry
skin
this death
that coats
my eyes
with pus
so I will not see her
telling him
the time
to raise
the guillotine
for the hour has arrived
this death
this yoke of death.

Esa muerte

Esa muerte negra
que me circunda
y me envuelve
de heridas verdes
que supuran sangre
envenenada
que me triza
los huesos
y los resquebraja
como astillas
trituradas
esa muerte
que se me viene
encima
y me asoma
las venas
sobre la piel
seca
esa muerte
que me cubre
los ojos
de pus
para que no la vea
diciéndole
al tiempo
que levante
la guillotina
que ya llega la hora
esa muerte
esa única muerte.

Foreign Confinement

From these walls
we cannot hear
neither the sun
nor the moon
we do not know
if it is yesterday, tomorrow, or
if it is dark
this exile,
that to others, is like
the middle of the day.

Encierro extranjero

Desde estas paredes
no se escucha
ni el sol
ni la luna
nosotros ya no sabemos
si es ayer o mañana
a si será noche
este destierro
que para ellos parece
mitad del día.

From Now until Chile

there are long kilometers
of anguished exiles
that pursue me when alone
I want to return again
to sleep in your arms
with the brush of a kiss
on the eyes
and the vow
to begin to deny
the next disappearance.

Desde ahora hasta Chile

caben muchos kilómetros
de angustiados destierros
que me persiguen a solas
cuando quiero volver de nuevo
a dormirme en tus brazos
con el sello de un beso
en los ojos
y el juramento
de empezar a negar
la próxima ausencia.

The Snow of the North

Reno, Nevada 1987

Here
in
this
north
that
is
not
mine
nor
yours

winter
grows
between
flakes

snow
for
the
centuries
of
all
the
centuries
in
the company
of
stingy
silence

this
endless
nothing.

Death to Silence

La nieve del norte

Reno, Nevada 1987

Aquí
en
este
norte
que
no
es
mío
ni
tuyo

crece
invierno
entre
copos

nieve
por
los
siglos
de
todos
los
siglos
en
compañía
del
avaro
silencio

esta
interminable
nada.

If I Renounce the Word

If I scratch out what I write
do not convey my thoughts
if I do not say what I desire
if I can be half silent
if I submit to orders
not discuss truth
if I accept silence
if I decide to speak no more
if I renounce the word
do not write it
do not tell it
if I do not ever read it...

Could we find each other again?

Si renuncio a la palabra

Si borro lo que escribo
no escribo lo que pienso
si no digo lo que quiero
si me callo la mitad
si acato las órdenes
no discuto la verdad
si acepto el silencio
si decido nunca más hablar
si renuncio a la palabra
no la escribo
no la digo
si no la vuelvo a leer...

¿Nos volveríamos a encontrar?

To My Dream Companions

To Elizabeth

The hour has come

we have to wake the eyes
and roar till it deafens
with hands of the clock that tread years
now we have to scale time
to our rate of speed
sickly speed of the twentieth century

the hour has come

to transcribe languages
and speak madness that is ours
become flesh
deep in the earth's recesses
name ourselves with our names
take back from the masters
what was never theirs

the hour has come

to make a flag of rage
and call us always, with a dry shout
cry of white doves   /
woman, invincibly human
abort or enjoy us
the choice will always be
ours in the end
the blame to be paid
by the blameless
those who declared themselves
distinguished lords of all the sexes
virginal and violated
those who fondle truth
and the breasts of children

let war begin with them
until the cracks of the road close
until we find the sliced hand
the tortured womb
and all of the mouths that stayed silent
clawed with a thousand blows

the moment has come

and with each second the wait grows longer

the hour has come

no more arms
cries
violations
wounds
or disfigurations,
dream companions,
for us
the hour has come.

A mis compañeras de sueños

A Elizabeth

Ha llegado la hora

hay que despertar los ojos
y hacer bulla ensordecedora
con los punteros que amenazan años
ahora hay que escalar el tiempo
a la velocidad nuestra
velocidad hipocondríaca siglo veinte

ha llegado la hora

de transcribir lenguajes
y hablar locuras propiamente nuestras
hacernos carnes
en las entrañas de la tierra
llamarnos con nuestros nombres
arrebatándole a señores
lo que nunca fue de señores

ha llegado la hora

de hacer de la rabia bandera
y llamarnos siempre con grito seco
ahullido de palomas blancas
mujer invenciblemente humana
abortarnos o gozarnos
la decisión será al final
siempre nuestra
las culpas que las paguen
los inocentes culpables
los que se declararon
dueños ilustres de todos los sexos
virginales y violados
los que manosearon las verdades
y los senos infantiles

Death to Silence

con ellos guerra abierta
hasta cerrar las grietas del camino
hasta encontrar la mano cortada
el vientre torturado
y todas las bocas que quedaron
con mil zarpazos desde siempre silenciadas

ha llegado el momento

y con cada segundo se hace más tarde la espera

ha llegado la hora

no más armas
gritos
violaciones
heridas
o mutilaciones,
compañeras de sueños,
para nosotras
ha llegado la hora.

After Many, Many Years

These mute mouths of silence do not make me mad
nor the distance of dead thoughts.
I do not feel the hurt of the dry wound
nor the empty space of the old road.
I do not miss what hides
in the bent corner of your memories.
In my last hours I do not name the word
neither the prayers of the ancient catechism.
From here, I do not hurt or feel for anyone
all is numb in the infinite sentence
of this forced distance
eternally exiled in a dream of no-feeling
that stole me from your arms and the smile of a boy.

Después de tantos y tantos años

No me enloquece el silencio de estas bocas mudas
ni la distancia de los pensamientos muertos.
No siento el dolor de la herida seca
ni el espacio vacío del camino antiguo.
Ya no echo de menos lo que se esconde
en el rincón doblado de los recuerdos tuyos.
En mis últimas horas no llamo a la palabra
ni a los rezos del catecismo antiguo.
Desde aquí no me duele nadie ni siento nada
todo se ha adormecido en la sentencia infinita
de esta distancia obligada
sueño anestesiado de un eterno exilio
que me arrebató tus manos y la sonrisa de un niño.

Justice after the War

Angela raised herself from the earth
and asked for justice one last time
justice for the hunger
justice to close the wounds
that would not let her sleep
justice for the blows of stone
for the incarnation of her children
for the ones that have been forever trapped
between the hands of other bodies
justice for the ones that could hear her
hiding in the memory of other tombs
mute blind
resting on other crosses
where her voice did not reach
and the darkness shouted, far away,
that separated her forever
from human justice.

Justicia después de la guerra

Angela se levantó de la tierra
y pidió por última vez justicia
justicia para el hambre
justicia para cerrar las heridas
que no la dejaban dormir
justicia para los golpes de piedra
para la encarnación de sus hijos
para los que habían quedado atrapados
entre las manos de otros cuerpos
justicia para los que pudieran escucharla
escondidos en la memoria de otras tumbas
mudos ciegos
descansando en otras cruces
donde su voz no llegaba
y la oscuridad gritaba un lejos
que la separaba para siempre
de la justicia humana.

He Told Me Stories

*In memory of my brother
Santiago, 1973*

He told me stories
drew continents
that made us gallop as one
through the paths of the sea
(and his mouth did not emit sound)
he spoke about people
hidden in the prisons of time
on eternally foreign corners
he spelled words in circles
he told me
he spoke to me
and he never stopped speaking...

(but his mouth did not emit one sound)

Me contaba historias

A la memoria de mi hermano
Santiago, 1973

Me contaba historias
me dibujaba continentes
que nos hacían galopar juntos
por los caminos del mar
(y su boca no emitía sonido)
me hablaba de seres escondidos
en las cárceles del tiempo
en rincones eternamente ajenos
me deletreaba palabras circulares
me contaba
me decía
y no dejaba de hablar...

(pero su boca no emitió nunca un sonido)

Acknowledgments

For permission to reprint the following poems grateful acknowledgment is made to:

Tiempo Cómplice del Tiempo, where these poems first appeared in Spanish, Ediciones Torremozas, S. L., Madrid, Spain, 1989:

"Me contaba historias"
"Y si las palabras no significaran"
"A veces en las noches"
"Se renuncio a la palabra"
"Al hijo que nunca fue"
"El contorno de mis límites"
"Aquí estoy yo ahora"
"La nieve del norte"
"Desde ahora"
"No"
"El último rezo de septiembre"
"11 de septiembre de 1973"

Desert Wood: An Anthology of Nevada Poets, University of Nevada Press, 1991, where the following poems first appeared in translation:

"I Chose Not to Die"
    "Decidía no morirme"
"Here Am I Now"
    "Aquí estoy yo ahora"
"You Cannot Listen in Death"
    "Ya no se oye en la muerte"
"September 11, 1973"
    "11 de septiembre de 1973"
"The Last Prayer of September"
    "El último rezo de septiembre"
"I Grew Accustomed"
    "Me había acostumbrado"

From *Calapooya Collage 16*, August 1992, where the following poems first appeared in translation:

"Mortal Fear of Death"
    "Miedo mortal a la muerte"

"Alone, I Ask"
       "Me pregunto a solas"
"Secret Symphony"
       "Sinfonía secreta"
"To Your Blind Eyes"
       "A tus ojos ciegos"

From *Brushfire*, June 1992 where the following poem first appeared in translation:

"From Now Until Chile"
       "Desde Ahora Hasta Chile"

Finally, grateful acknowledgment is made to Nelson Rojas for his careful reading of the manuscript, his thoughtful suggestions, and his quiet voice, which is felt here.
S. T.G. and E.S.P.

Other Books by Emma Sepúlveda-Pulvirenti

Poems:
Tiempo cómplice del tiempo

Editor:
We, Chile: Personal Testimonies of the Chilean Arpilleristas
El testimonio femenino como escritura contestataria

Critical Essays:
Los límites del lenguaje: un acercamiento a la poética del silencio
Otro modo de ser (co-author with Marjorie Agosín)

Translation (with Shaun T. Griffin):
For All the Lands We Will Pass, forthcoming in 1998
       (Itrokom Mapu Rupan) *Por todas las tierras pasaremos*
These Are Not Sweet Girls: 20th Century Latin American Women Poets
       (in collaboration with other translators)

Biographies

Emma Sepúlveda-Pulvirenti (1950--) poet

A professor of Spanish literature at the University of Nevada at Reno, Sepúlveda-Pulvirenti is a poet, photographer and community activist. Her poems and photographs have appeared in numerous journals and books, including *Tiempo cómplice del tiempo/Time Is The Accomplice of Time* (Ediciones Torremozas, 1989), *Memory of Cloth: The History of the Chilean Arpillera* (University of New Mexico Press, 1996) and *These Are Not Sweet Girls: 20th Century Latin American Women Poets* (White Pine Press, 1994).

Shaun T. Griffin (1953--) translator

Griffin is a translator, editor, poet and director of Nevada's homeless youth education office. He is the author of a collection of poems, *Snowmelt* (Black Rock Press, 1994) and the editor of various books, including *Desert Wood, An Anthology of Nevada Poets* (University of Nevada Press, 1991). His first collaboration with Sepúlveda-Pulvirenti received the 1992 Carolyn Kizer Foreign Language and Translation Prize from *Calapooya Collage*.